Werner Färber

Geschichten vom Igel Ingo

Mit Bildern von Pieter Kunstreich

Hase und Igel®

Für Lehrkräfte gibt es zu diesem Buch
ausführliches Begleitmaterial beim Hase und Igel Verlag.

www.hase-und-igel.de
Druck: Himmer AG, Augsburg

Dieses Buch erschien erstmals
unter dem Titel „Kleine Geschichten vom Igel Ingo“
in der Loewe Verlag GmbH, Bindlach.
Es wurde für diese Ausgabe vollständig neu bearbeitet.

Illustrationen von Pieter Kunstreich

Kartonierte Ausgabe:
ISBN 978-3-86760-143-6
Gebundene Ausgabe:
ISBN 978-3-86760-723-0

Inhalt

Ab ins Bett

Die  geht auf.

Im 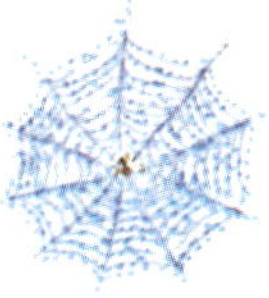 der 

glitzern die .

Außer ein paar 

ist noch niemand wach.

Es ist noch früh.

Aber was ist das?

Raschelt da nicht was im  ?

Da ist doch schon jemand auf.

Der  Ingo

kehrt zu seinem  zurück.

Ingos  ist kaum zu sehen,

weil es unter  und 

versteckt ist.

Der  gähnt

und reibt sich die  .

Er ist schon lange unterwegs.

Er hat 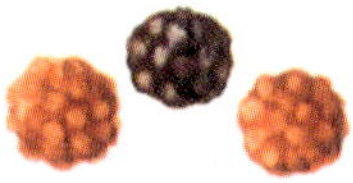 gesucht.

Und ein paar 

hat er auch mitgebracht.

Ingo holt den  hervor

und öffnet seine  .

Im  stellt er

den vollen  ab.

Auspacken kann er später.

Er zupft noch ein paar 

und 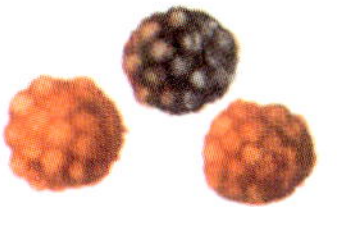 von seinen  .

Dann wirft er sich aufs  .

Schon fallen Ingo die  zu.

Der  Ingo muss

erst einmal ausschlafen.

Flussfahrt ohne Igel

Ingo geht mit der  ,

dem  und dem 

zum  hinunter.

Sie spannen ein 

und spielen  .

Auch der 

kommt heute zum  .

Er hat

sein neues  dabei.

Mit der  pumpt er es auf.

Die anderen

schauen ihm neugierig zu.

„Ist das 

auch wirklich sicher

für den wilden  ?“,

fragt der  .

„Na klar,

mit mir als  !“,

antwortet der  .

Stolz rückt er seine  zurecht.

„Will jemand mitfahren?“, fragt er

und legt die  weg.

„Au ja!“, rufen alle.

Die , der 

und das  steigen ein.

Das 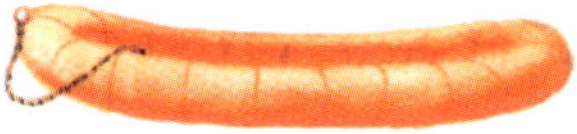

schwankt und schaukelt.

„Halt!“, sagt der 

zu  Ingo.

„Du kommst nicht mit.

Du machst mir nur

ein  ins ."

Ingo schaut den  traurig an.

„Wenn Ingo nicht mitdarf,

bleibe ich auch hier",

sagt die 

und steigt wieder aus.

„Und wir

fahren auch nicht mit“,

sagen der 

und das .

„Selbst schuld“, sagt der  .

Verärgert macht er die  los

und stößt sich mit dem  ab.

Dabei schrammt das 

einen spitzen  .

Trotzdem rudert der 

auf den  hinaus.

Weit kommt er nicht.

„Hilfe!“, schreit der .

Sein 

wird ganz schlaff.

„Schnell!“, ruft Ingo.

„Der große 

geht unter!“

Der  greift sich

einen langen 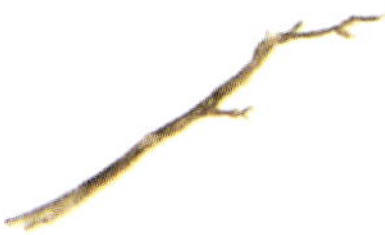

und hält ihn in den .

Zusammen mit den anderen

zieht der 

den nassen  heraus.

Nächtlicher Ausflug

Kugelrund leuchtet der 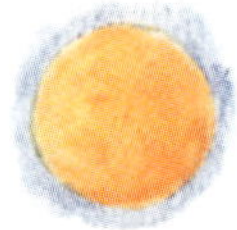 .

Die  funkeln durch die  .

Der  streift umher

und sucht etwas zu fressen.

Bald kommt er an eine  .

Ingo schaut nach links

und sieht zwei 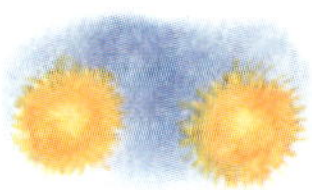 .

Ein riesiger 

donnert an ihm vorbei.

Die  bebt und zittert.

Der  Ingo

schaut nach rechts.

Von rechts kommt nur

ein  auf ihn zu.

Es ist ein .

Dann kommt nichts mehr.

Ingo schaut

noch einmal nach links.

Auch nichts.

Schnell rennt der 

über die  .

Geschafft!

Plötzlich hebt der 

seine  .

Was riecht denn da

so lecker?

Ingo schnuppert weiter

und gelangt an eine  .

Nun aber vorsichtig!

Hinter der 

entdeckt der 

einen  .

Er ist halb voll

und riecht nach  .

Ingo schaut sich um.

Weit und breit

ist kein  zu sehen.

Schnell frisst er den  leer.

Plötzlich kommt der 

bellend auf ihn zu.

Ingo läuft,

so schnell er kann.

Eine  rasselt.

Der 

kann nicht mehr weiter.

Die  ist zu kurz.

Der  rennt zur ,

schaut links, rechts, links.

Kein , schnell hinüber!

Erst als er

die schützenden  erreicht,

setzt sich Ingo

unter einen 

und verschnauft.

Puh, das war knapp!

Wettrennen

Der  Ingo

sitzt auf seiner  und liest.

Da kommt der 

mit einem  voller 

den  herauf.

„Was liest du da?“,

fragt der .

„Der  und der “,

antwortet Ingo.

„Das  kenne ich.

Der  verliert aber nur,

weil die  zu zweit sind

und mogeln“, sagt der  .

„Richtig“, sagt Ingo.

Nachdenklich kaut der 

an einer  .

„In echt sind  schneller“,

sagt er.

„Ein  kann manchmal

auch schneller sein“,

erwidert der  .

Der  schüttelt den .

„Das glaube ich nicht.“

„Wollen wir wetten?“, fragt Ingo.

Der  ist sofort einverstanden

und reicht Ingo die .

„Den  hinunter bis zum “,

sagt Ingo.

„Wer verliert,

muss den anderen

den  wieder hinauftragen.“

„Wie willst du das

denn schaffen?“,

fragt der  .

Der 

klappt sein  zu

und legt es auf die 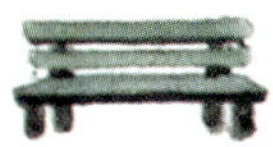 .

Der 

schnürt seine  fester.

Er trippelt mit den 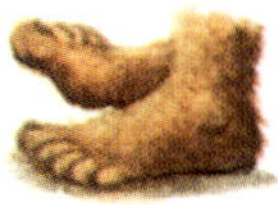 .

„Eins, zwei, drei, los!“, ruft er.

Der 

jagt durchs  davon.

Ingo stößt sich kräftig ab

und macht sich klein.

Wie ein  mit 

rollt der  hinterher.

Er saust wie eine 

an dem  vorbei.

Unten landet Ingo im weichen  .

Mit hängender 

kommt der  an.

„Ich bin schon da“, sagt der  .

„Jetzt darfst du mich

wieder hinauftragen.“

Die Wörter zu den Bildern:

Sonne

Netz

Spinne

Tropfen

Vögel

Gras

Igel

Haus

Äste

Blätter

Augen

Beeren

Äpfel

Schlüssel

Tür

Rucksack

Stacheln

Bett

Maus

Eichhörnchen

Dachs

Fluss

Netz

Ball

Fuchs

Schlauch-
boot

Luftpumpe

Kapitän

Mütze

Loch

Leine

Ruder

Stein

Mond

Sterne

Straße

Lichter

Lastwagen

Motorrad

Schnauze

Hundehütte

Fressnapf

Hund

Kette

Auto

Bäume

 Busch

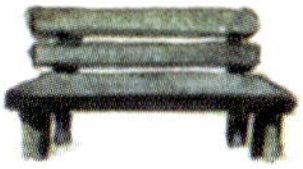 Bank

 Hase

 Korb

 Karotten

 Weg

 Buch

 Kopf

 Hand

 Berg

 Heuhaufen

 Turnschuhe

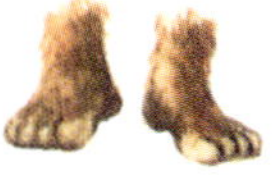 Füße

 Rakete

 Zunge

Werner Färber, 1957 in Wassertrüdingen geboren, ist ein bekannter Kinder- und Jugendbuchautor. Auch im Rundfunk sind seine Geschichten zu hören. Darüber hinaus ist er als Übersetzer aus dem Englischen tätig. Werner Färber lebt in Hamburg und wer noch mehr über ihn und seine Bücher erfahren möchte, findet im Internet unter *www.wernerfaerber.de* weitere Informationen.

Pieter Kunstreich wurde 1949 geboren. Er studierte an der Fachhochschule Hamburg Gestaltung mit dem Schwerpunkt „Informative Illustration“. Seit 1975 arbeitet er als freiberuflicher Grafiker, vor allem in den Bereichen Kinderbuch, Kindersachbuch und Schulbuch. Mehr Informationen über den Illustrator findest du unter *www.pikunst.de*.